VORWORT

Die Sammlung "Alles wird gut!" von T&P Books ist für Menschen, die für Tourismus und Geschäftsreisen ins Ausland reisen. Die Sprachführer beinhalten, was am wichtigsten ist - die Grundlagen für eine grundlegende Kommunikation. Dies ist eine unverzichtbare Reihe von Sätzen um zu "überleben", während Sie im Ausland sind.

Dieser Sprachführer wird Ihnen in den meisten Fällen helfen, in denen Sie etwas fragen müssen, Richtungsangaben benötigen, wissen wollen wie viel etwas kostet usw. Es kann auch schwierige Kommunikationssituationen lösen, bei denen Gesten einfach nicht hilfreich sind.

Dieses Buch beinhaltet viele Sätze, die nach den wichtigsten Themen gruppiert wurden. Sie werden auch ein kleines Wörterbuch mit nützlichen Wörtern über Nummern, Zeit, Kalender, Farben usw. finden. Das Wörterbuch beinhaltet viele gastronomische Begriffe und wird Ihnen hilfreich bei der Bestellung von Essen in einem Restaurant oder beim Kauf von Lebensmitteln im Lebensmittelgeschäft sein.

Nehmen Sie den "Alles wird gut" Sprachführer mit Ihnen auf die Reise und Sie werden einen unersetzlichen Begleiter haben, der Ihnen helfen wird, Ihren Weg aus jeder Situation zu finden und Ihnen beibringen wird keine Angst beim Sprechen mit Ausländern zu haben.

INHALTSVERZEICHNIS

T&P Books Publishing

Reisesprachführersammlung
"Alles wird gut!"

T&P Books Publishing

SPRACHFÜHRER

— FINNISCH —

Die nützlichsten Wörter und Sätze

Dieser Sprachführer
beinhaltet die häufigsten
Sätze und Fragen,
die für die grundlegende
Kommunikation mit
Ausländern benötigt wird

Andrey Taranov

T&P BOOKS

Sprachführer + Wörterbuch mit 250 Wörtern

Sprachführer Deutsch-Finnisch und Mini-Wörterbuch mit 250 Wörtern

Von Andrey Taranov

Die Sammlung "Alles wird gut!" von T&P Books ist für Menschen, die für Tourismus und Geschäftsreisen ins Ausland reisen. Die Sprachführer beinhalten, was am wichtigsten ist - die Grundlagen für eine grundlegende Kommunikation. Dies ist eine unverzichtbare Reihe von Sätzen um zu "überleben", während Sie im Ausland sind.

Sie finden hier auch ein Mini-Wörterbuch mit 250 nützlichen Wörtern, die für die tägliche Kommunikation erforderlich sind - die Namen der Monate und Wochentage, Messungen, Familienmitglieder und mehr.

T&P Books Publishing
www.tpbooks.com

ISBN: 978-1-78492-472-0

Dieses Buch ist auch im E-Book Format erhältlich.
Besuchen Sie uns auch auf www.tpbooks.com oder auf einer der bedeutenden Buchhandlungen online.

AUSSPRACHE

T&P phonetisches Alphabet	Finnisch Beispiel	Deutsch Beispiel
[·]	juomalasi [juoma·lasi]	Mittelpunkt
[:]	aalto [a:lto]	Längezeichen

Vokale

[a]	hakata [hakata]	schwarz
[e]	ensi [ensi]	Pferde
[i]	musiikki [musi:kki]	ihr, finden
[o]	filosofi [filosofi]	orange
[u]	peruna [peruna]	kurz
[ø]	keittiö [kejttiø]	können
[æ]	määrä [mæ:ræ]	ärgern
[y]	Bryssel [bryssel]	über, dünn

Konsonanten

[b]	banaani [bana:ni]	Brille
[d]	odottaa [odotta:]	Detektiv
[dʒ]	Kambodža [kambodʒa]	Kambodscha
[f]	farkut [farkut]	fünf
[g]	jooga [jo:ga]	gelb
[j]	suojatie [suojatæ]	Jacke
[h]	ohra [ohra]	brauchbar
[ɦ]	jauhot [jauɦot]	Hypnose
[k]	nokkia [nokkia]	Kalender
[l]	leveä [leveæ]	Juli
[m]	moottori [mo:ttori]	Mitte
[n]	nainen [najnen]	nicht
[ŋ]	ankkuri [aŋkkuri]	Känguru
[p]	pelko [pelko]	Polizei
[r]	raketti [raketti]	richtig
[s]	sarastus [sarastus]	sein
[t]	tattari [tattari]	still
[ʋ]	luvata [luʋata]	Invalide
[ʃ]	šakki [ʃakki]	Chance

T&P phonetisches Alphabet	Finnisch Beispiel	Deutsch Beispiel
[tʃ]	**Chile** [tʃile]	Matsch
[z]	**kazakki** [kɑzɑkki]	sein

LISTE DER ABKÜRZUNGEN

Deutsch. Abkürzungen

Adj	-	Adjektiv
Adv	-	Adverb
Amtsspr.	-	Amtssprache
f	-	Femininum
f, n	-	Femininum, Neutrum
Fem.	-	Femininum
m	-	Maskulinum
m, f	-	Maskulinum, Femininum
m, n	-	Maskulinum, Neutrum
Mask.	-	Maskulinum
n	-	Neutrum
pl	-	Plural
Sg.	-	Singular
ugs.	-	umgangssprachlich
unzähl.	-	unzählbar
usw.	-	und so weiter
v mod	-	Modalverb
vi	-	intransitives Verb
vi, vt	-	intransitives, transitives Verb
vt	-	transitives Verb
zähl.	-	zählbar
z.B.	-	zum Beispiel

T&P
BOOKS

FINNISCHER SPRACHFÜHRER

Dieser Teil beinhaltet wichtige Sätze, die sich in verschiedenen realen Situationen als nützlich erweisen können.
Der Sprachführer wird Ihnen dabei helfen nach dem Weg zu fragen, einen Preis zu klären, Tickets zu kaufen und Essen in einem Restaurant zu bestellen.

T&P Books Publishing

INHALT SPRACHFÜHRER

T&P Books Publishing

Entschuldigen Sie bitte, ...	**Anteeksi, ...** [ɑnteːksi, ...]
Hallo.	**Hei.** [hej]
Danke.	**Kiitos.** [kiːtos]
Auf Wiedersehen.	**Näkemiin.** [nækemiːn]
Ja.	**Kyllä.** [kyllæ]
Nein.	**Ei.** [ej]
Ich weiß nicht.	**En tiedä.** [en tiedæ]
Wo? | Wohin? | Wann?	**Missä? | Minne? | Milloin?** [missæ? | minne? | millojn?]

Ich brauche ...	**Tarvitsen ...** [tɑrʋitsen ...]
Ich möchte ...	**Haluan ...** [hɑluɑn ...]
Haben Sie ...?	**Onko sinulla ...?** [oŋko sinullɑ ...?]
Gibt es hier ...?	**Onko täällä ...?** [oŋko tæːllæ ...?]
Kann ich ...?	**Voinko ...?** [ʋojŋko ...?]
Bitte (anfragen)	**..., kiitos** [..., kiːtos]

Ich suche ...	**Etsin ...** [etsin ...]
die Toilette	**WC** [ʋese]
den Geldautomat	**pankkiautomaatti** [pɑŋkki·autoɑːtti]
die Apotheke	**apteekki** [ɑpteːkki]
das Krankenhaus	**sairaala** [sɑjrɑːlɑ]
die Polizeistation	**poliisiasema** [poliːsi·ɑsemɑ]
die U-Bahn	**metro** [metro]

das Taxi	**taksi** [taksi]
den Bahnhof	**rautatieasema** [rautatie·asema]

Ich heiße ...	**Nimeni on ...** [nimeni on ...]
Wie heißen Sie?	**Mikä sinun nimesi on?** [mikæ sinun nimesi on?]
Helfen Sie mir bitte.	**Voisitko auttaa minua?** [ʋojsitko autta: minua?]
Ich habe ein Problem.	**Minulla on ongelma.** [minulla on oŋelma]
Mir ist schlecht.	**En voi hyvin.** [en ʋoj hyʋin]
Rufen Sie einen Krankenwagen!	**Soita ambulanssi!** [sojta ambulanssi!]
Darf ich telefonieren?	**Voisinko soittaa?** [ʋojsiŋko sojtta:?]

Entschuldigung.	**Olen pahoillani.** [olen paĥojllani]
Keine Ursache.	**Ole hyvä.** [ole hyʋæ]

ich	**minä | mä** [minæ | mæ]
du	**sinä | sä** [sinæ | sæ]
er	**hän | se** [hæn | se]
sie	**hän | se** [hæn | se]
sie (Pl, Mask.)	**he | ne** [he | ne]
sie (Pl, Fem.)	**he | ne** [he | ne]
wir	**me** [me]
ihr	**te** [te]
Sie	**sinä** [sinæ]

EINGANG	**SISÄÄN** [sisæ:n]
AUSGANG	**ULOS** [ulos]
AUßER BETRIEB	**EPÄKUNNOSSA** [epækunnossa]
GESCHLOSSEN	**SULJETTU** [suljettu]

OFFEN	**AVOIN**
	[auojn]
FÜR DAMEN	**NAISILLE**
	[najsille]
FÜR HERREN	**MIEHILLE**
	[mieñille]

Fragen

Wo?	**Missä?** [missæ?]
Wohin?	**Mihin?** [miɦin?]
Woher?	**Mistä?** [mistæ?]
Warum?	**Miksi?** [miksi?]
Wozu?	**Mistä syystä?** [mistæ syːstæ?]
Wann?	**Milloin?** [millojn?]

Wie lange?	**Kuinka kauan?** [kujŋka kauɑn?]
Um wie viel Uhr?	**Mihin aikaan?** [miɦin ɑjkɑːn?]
Wie viel?	**Kuinka paljon?** [kujŋka pɑljon?]
Haben Sie ...?	**Onko sinulla ...?** [oŋko sinulla ...?]
Wo befindet sich ...?	**Missä on ...?** [missæ on ...?]

Wie spät ist es?	**Paljonko kello on?** [pɑljoŋko kello on?]
Darf ich telefonieren?	**Voisinko soittaa?** [uojsiŋko sojttɑ:?]
Wer ist da?	**Kuka siellä?** [kuka siellæ?]
Darf ich hier rauchen?	**Saako täällä polttaa?** [sɑːko tæːllæ polttɑ:?]
Darf ich ...?	**Saanko ...?** [sɑːŋko ...?]

Bedürfnisse

Ich hätte gerne …	**Haluaisin …** [haluɑjsin …]
Ich will nicht …	**En halua …** [en halua …]
Ich habe Durst.	**Minulla on jano.** [minulla on jano]
Ich möchte schlafen.	**Haluan nukkua.** [haluan nukkua]

Ich möchte …	**Haluan …** [haluan …]
abwaschen	**peseytyä** [peseytyæ]
mir die Zähne putzen	**harjata hampaani** [harjata hampɑ:ni]
eine Weile ausruhen	**levätä vähän** [leʋætæ ʋæɦæn]
meine Kleidung wechseln	**vaihtaa vaatteet** [ʋajhtɑ: ʋɑ:tte:t]

zurück ins Hotel gehen	**palata takaisin hotelliin** [palata takajsin hotelli:n]
kaufen …	**ostaa …** [ostɑ: …]
gehen …	**mennä …** [mennæ …]
besuchen …	**käydä …** [kæydæ …]
treffen …	**tavata …** [taʋata …]
einen Anruf tätigen	**soittaa …** [sojttɑ: …]

Ich bin müde.	**Olen väsynyt.** [olen ʋæsynyt]
Wir sind müde.	**Olemme väsyneitä.** [olemme ʋæsynejtæ]
Mir ist kalt.	**Minulla on kylmä.** [minulla on kylmæ]
Mir ist heiß.	**Minulla on kuuma.** [minulla on ku:ma]
Mir passt es.	**Voin hyvin.** [ʋojn hyʋin]

Ich muss telefonieren.	**Minun täytyy soittaa yksi puhelu.** [minun tæyty: sojtta: yksi puhelu]
Ich muss auf die Toilette.	**Minun täytyy mennä vessaan.** [minun tæyty: mennæ ʋessɑ:n]
Ich muss gehen.	**Minun täytyy lähteä.** [minun tæyty: læhteæ]
Ich muss jetzt gehen.	**Minun täytyy lähteä nyt.** [minun tæyty: læhteæ nyt]

Wie man nach dem Weg fragt

Entschuldigen Sie bitte, ...	**Anteeksi, ...** [ɑnte:ksi, ...]
Wo befindet sich ...?	**Missä on ...?** [missæ on ...?]
Welcher Weg ist ...?	**Miten pääsen ...?** [miten pæ:sen ...?]
Könnten Sie mir bitte helfen?	**Voisitko auttaa minua?** [ʋojsitko ɑutta: minuɑ?]

Ich suche ...	**Etsin ...** [etsin ...]
Ich suche den Ausgang.	**Etsin uloskäyntiä.** [etsin uloskæyntiæ]
Ich fahre nach ...	**Menen ...** [menen ...]
Gehe ich richtig nach ...?	**Onko tämä oikea tie ...?** [oŋko tæmæ ojkeɑ tie ...?]

Ist es weit?	**Onko se kaukana?** [oŋko se kɑukɑnɑ?]
Kann ich dort zu Fuß hingehen?	**Voiko sinne kävellä?** [ʋojko sinne kæʋellæ?]
Können Sie es mir auf der Karte zeigen?	**Voitko näyttää minulle kartalta?** [ʋojtko næyttæ: minulle kɑrtɑltɑ?]
Zeigen Sie mir wo wir gerade sind.	**Voitko näyttää, missä me olemme nyt.** [ʋojtko næyttæ:, missæ me olemme nyt]

Hier	**Täällä** [tæ:llæ]
Dort	**Siellä** [siellæ]
Hierher	**Tännepäin.** [tænnepæjn]

Biegen Sie rechts ab.	**Käänny oikealle.** [kæ:nny ojkeɑlle]
Biegen Sie links ab.	**Käänny vasemmalle.** [kæ:nny ʋɑsemmɑlle]
erste (zweite, dritte) Abzweigung	**ensimmäinen (toinen, kolmas) käännös** [ensimmæjnen (tojnen, kolmɑs) kæ:nnøs]
nach rechts	**oikealle** [ojkeɑlle]

nach links   **vasemmalle**
                                    [ʋɑsemmɑlle]

Laufen Sie geradeaus.   **Mene suoraan eteenpäin.**
                                    [mene suorɑ:n ete:npæjn]

Schilder

HERZLICH WILLKOMMEN!	**TERVETULOA!** [terʋetuloa!]
EINGANG	**SISÄÄN** [sisæ:n]
AUSGANG	**ULOS** [ulos]

DRÜCKEN	**TYÖNNÄ** [tyønnæ]
ZIEHEN	**VEDÄ** [ʋedæ]
OFFEN	**AVOIN** [aʋojn]
GESCHLOSSEN	**SULJETTU** [suljettu]

FÜR DAMEN	**NAISILLE** [najsille]
FÜR HERREN	**MIEHILLE** [mieɦille]
HERREN-WC	**MIEHET** [mieɦet]
DAMEN-WC	**NAISET** [najset]

RABATT	REDUZIERT	**MYYNTI** [my:nti]
AUSVERKAUF	**ALE** [ale]
GRATIS	**ILMAINEN** [ilmajnen]
NEU!	**UUTUUS!** [u:tu:s!]
ACHTUNG!	**HUOMIO!** [huomio!]

KEINE ZIMMER FREI	**TÄYNNÄ** [tæynnæ]
RESERVIERT	**VARATTU** [ʋarattu]
VERWALTUNG	**HALLINTOHENKILÖSTÖ** [hallinto·heŋkiløstø]
NUR FÜR PERSONAL	**VAIN HENKILÖKUNNALLE** [ʋajn heŋkilø·kunnalle]

BISSIGER HUND	**VARO KOIRAA!** [ʋaro kojrɑ:!]
RAUCHEN VERBOTEN!	**TUPAKOINTI KIELLETTY!** [tupakojnti kielletty!]
NICHT ANFASSEN!	**ÄLÄ KOSKE!** [ælæ koske!]
GEFÄHRLICH	**VAARALLINEN** [ʋɑ:rallinen]
GEFAHR	**VAARA** [ʋɑ:ra]
HOCHSPANNUNG	**KORKEAJÄNNITE** [korkea·jænnite]
BADEN VERBOTEN	**UIMINEN KIELLETTY!** [ujminen kielletty!]

AUßER BETRIEB	**EPÄKUNNOSSA** [epækunnossa]
LEICHTENTZÜNDLICH	**HELPOSTI SYTTYVÄ** [helposti syttyʋæ]
VERBOTEN	**KIELLETTY** [kielletty]
DURCHGANG VERBOTEN	**LÄPIKULKU KIELLETTY** [læpikulku kielletty]
FRISCH GESTRICHEN	**VASTAMAALATTU** [ʋastamɑ:lattu]

WEGEN RENOVIERUNG GESCHLOSSEN	**SULJETTU REMONTIN VUOKSI** [suljettu remontin ʋuoksi]
ACHTUNG BAUARBEITEN	**TIETYÖ** [tietyø]
UMLEITUNG	**KIERTOTIE** [kiertotie]

Transport - Allgemeine Phrasen

Flugzeug	**lentokone** [lentokone]
Zug	**juna** [juna]
Bus	**bussi** [bussi]
Fähre	**lautta** [lautta]
Taxi	**taksi** [taksi]
Auto	**auto** [auto]

Zeitplan	**aikataulu** [ajkataulu]
Wo kann ich den Zeitplan sehen?	**Missä voisin nähdä aikataulun?** [missæ uojsin næhdæ ajkataulun?]
Arbeitstage	**arkipäivät** [arkipæjuæt]
Wochenenden	**viikonloppu** [ui:kon·loppu]
Ferien	**pyhäpäivät** [pyhæpæjuæt]

ABFLUG	**LÄHTEVÄT** [læhteuæt]
ANKUNFT	**SAAPUVAT** [sa:puuat]
VERSPÄTET	**MYÖHÄSSÄ** [myøhæssæ]
GESTRICHEN	**PERUUTETTU** [peru:tettu]

nächste (Zug, usw.)	**seuraava** [seura:ua]
erste	**ensimmäinen** [ensimmæjnen]
letzte	**viimeinen** [ui:mejnen]

Wann kommt der Nächste ...?	**Milloin on seuraava ...?** [millojn on seura:ua ...?]
Wann kommt der Erste ...?	**Milloin on ensimmäinen ...?** [millojn on ensimmæjnen ...?]

Wann kommt der Letzte ...?	**Milloin on viimeinen ...?** [millojn on ʋi:mejnen ...?]
Transfer	**vaihto** [ʋɑjhto]
einen Transfer machen	**vaihtaa** [ʋɑjhtɑ:]
Muss ich einen Transfer machen?	**Täytyykö minun tehdä vaihto?** [tæyty:kø minun tehdæ ʋɑjhto?]

Eine Fahrkarte kaufen

Wo kann ich Fahrkarten kaufen?

Fahrkarte

Eine Fahrkarte kaufen

Fahrkartenpreis

Mistä voin ostaa lippuja?
[mistæ voin osta: lippuja?]
lippu
[lippu]
ostaa lippu
[osta: lippu]
lipun hinta
[lipun hinta]

Wohin?

Welche Station?

Ich brauche ...

eine Fahrkarte

zwei Fahrkarten

drei Fahrkarten

Mihin?
[mihin?]
Mille asemalle?
[mille asemalle?]
Tarvitsen ...
[tarvitsen ...]
yhden lipun
[yhden lipun]
kaksi lippua
[kaksi lippua]
kolme lippua
[kolme lippua]

in eine Richtung

hin und zurück

erste Klasse

zweite Klasse

menolippu
[menolippu]
menopaluu
[menopalu:]
ensimmäinen luokka
[ensimmæjnen luokka]
toinen luokka
[tojnen luokka]

heute

morgen

übermorgen

am Vormittag

am Nachmittag

am Abend

tänään
[tænæ:n]
huomenna
[huomenna]
ylihuomenna
[ylihuomenna]
aamulla
[a:mulla]
iltapäivällä
[ilta·pæjuællæ]
illalla
[illalla]

Gangplatz	**käytäväpaikka** [kæytæʋæpɑjkkɑ]
Fensterplatz	**ikkunapaikka** [ikkunɑpɑjkkɑ]
Wie viel?	**Kuinka paljon?** [kujŋkɑ pɑljon?]
Kann ich mit Karte zahlen?	**Voinko maksaa luottokortilla?** [ʋojŋko mɑksɑ: luottokortillɑ?]

Bus

Bus	**bussi** [bussi]
Fernbus	**linja-auto** [linja·auto]
Bushaltestelle	**bussipysäkki** [bussi·pysækki]
Wo ist die nächste Bushaltestelle?	**Missä on lähin bussipysäkki?** [missæ on læħin bussi·pysækki?]

Nummer	**numero** [numero]
Welchen Bus nehme ich um nach … zu kommen?	**Millä bussilla pääsen …?** [millæ bussilla pæːsen …?]
Fährt dieser Bus nach …?	**Meneekö tämä bussi …?** [meneːkø tæmæ bussi …?]
Wie oft fahren die Busse?	**Kuinka usein bussit kulkevat?** [kujŋka usejn bussit kulkeʋat?]

alle fünfzehn Minuten	**viidentoista minuutin välein** [ʋiːden·tojsta minuːtin ʋælejn]
jede halbe Stunde	**puolen tunnin välein** [puolen tunnin ʋælejn]
jede Stunde	**joka tunti** [joka tunti]
mehrmals täglich	**useita kertoja päivässä** [usejta kertoja pæjʋæssæ]
… Mal am Tag	**… kertaa päivässä** [… kertɑː pæjʋæssæ]

Zeitplan	**aikataulu** [ajkataulu]
Wo kann ich den Zeitplan sehen?	**Missä voisin nähdä aikataulun?** [missæ ʋojsin næhdæ ajkataulun?]
Wann kommt der nächste Bus?	**Milloin seuraava bussi menee?** [millojn seurɑːʋa bussi meneː?]
Wann kommt der erste Bus?	**Milloin ensimmäinen bussi menee?** [millojn ensimmæjnen bussi meneː?]
Wann kommt der letzte Bus?	**Milloin viimeinen bussi menee?** [millojn ʋiːmejnen bussi meneː?]

Halt	**pysäkki** [pysækki]
Nächster Halt	**seuraava pysäkki** [seurɑːʋa pysækki]

Letzter Halt

päätepysäkki
[pæ:te·pysækki]

Halten Sie hier bitte an.

Pysähdy tähän, kiitos.
[pysæhdy tæhæn, ki:tos]

Entschuldigen Sie mich,
dies ist meine Haltestelle.

Anteeksi, jään pois tässä.
[ɑnte:ksi, jæ:n pojs tæssæ]

Zug

Zug	**juna** [juna]
S-Bahn	**lähijuna** [læɦijuna]
Fernzug	**kaukojuna** [kaukojuna]
Bahnhof	**rautatieasema** [rautatie·asema]
Entschuldigen Sie bitte, wo ist der Ausgang zum Bahngleis?	**Anteeksi, mistä pääsen laiturille?** [ante:ksi, mistæ pæ:sen lajturille?]

Fährt dieser Zug nach ...?	**Meneekö tämä juna ...?** [mene:kø tæmæ juna ...?]
nächste Zug	**seuraava juna** [seura:ʋa juna]
Wann kommt der nächste Zug?	**Milloin seuraava juna lähtee?** [millojn seura:ʋa juna llæhte:?]
Wo kann ich den Zeitplan sehen?	**Missä voisin nähdä aikataulun?** [missæ ʋojsin næhdæ ajkataulun?]
Von welchem Bahngleis?	**Miltä laiturilta?** [miltæ lajturilta?]
Wann kommt der Zug in ... an?	**Milloin juna saapuu ...?** [millojn juna sa:pu: ...?]

Helfen Sie mir bitte.	**Auttaisitko minua, kiitos.** [auttajsitko minua, ki:tos]
Ich suche meinen Platz.	**Etsin paikkaani.** [etsin pajkka:ni]
Wir suchen unsere Plätze.	**Etsimme paikkojamme.** [etsimme pajkkojamme]
Unser Platz ist besetzt.	**Paikkani on varattu.** [pajkkani on ʋarattu]
Unsere Plätze sind besetzt.	**Paikkamme ovat varattuja.** [pajkkamme oʋat ʋarattuja]

Entschuldigen Sie, aber das ist mein Platz.	**Olen pahoillani, mutta tämä on minun paikkani.** [olen paɦojllani, mutta tæmæ on minun pajkkani]
Ist der Platz frei?	**Onko tämä paikka varattu?** [oŋko tæmæ pajkka ʋarattu?]
Darf ich mich hier setzen?	**Voinko istua tähän?** [ʋojŋko istua tæɦæn?]

Im Zug - Dialog (Keine Fahrkarte)

Fahrkarte bitte.	**Lippunne, kiitos.** [lippunne, ki:tos]
Ich habe keine Fahrkarte.	**Minulla ei ole lippua.** [minulla ej ole lippua]
Ich habe meine Fahrkarte verloren.	**Kadotin lippuni.** [kadotin lippuni]
Ich habe meine Fahrkarte zuhause vergessen.	**Unohdin lippuni kotiin.** [unohdin lippuni koti:n]
Sie können von mir eine Fahrkarte kaufen.	**Voit ostaa lipun minulta.** [uojt osta: lipun minulta]
Sie werden auch eine Strafe zahlen.	**Sinun täytyy maksaa myös sakko.** [sinun tæyty: maksa: myøs sakko]
Gut.	**Hyvä on.** [hyuæ on]
Wohin fahren Sie?	**Minne olet menossa?** [minne olet menossa?]
Ich fahre nach ...	**Menen ...** [menen ...]
Wie viel? Ich verstehe nicht.	**Kuinka paljon? En ymmärrä.** [kujŋka paljon? en ymmærræ]
Schreiben Sie es bitte auf.	**Voisitko kirjoittaa sen.** [uojsitko kirjoitta: sen]
Gut. Kann ich mit Karte zahlen?	**Hyvä on.** **Voinko maksaa luottokortilla?** [hyuæ on. uojŋko maksa: luottokortilla?]
Ja, das können Sie.	**Kyllä voit.** [kyllæ uojt]
Hier ist ihre Quittung.	**Tässä on kuittinne.** [tæssæ on kujttinne]
Tut mir leid wegen der Strafe.	**Olen pahoillani sakosta.** [olen pahojllani sakosta]
Das ist in Ordnung. Es ist meine Schuld.	**Ei hätää. Se oli minun vikani.** [ej hætæ:. se oli minun uikani]
Genießen Sie Ihre Fahrt.	**Mukavaa matkaa.** [mukaua: matka:]

Taxi

Taxi	**taksi** [taksi]
Taxifahrer	**taksinkuljettaja** [taksiŋ·kuljettaja]
Ein Taxi nehmen	**ottaa taksi** [otta: taksi]
Taxistand	**taksipysäkki** [taksi·pysækki]
Wo kann ich ein Taxi bekommen?	**Mistä voin saada taksin?** [mistæ ʋojn sa:da taksin?]
Ein Taxi rufen	**soittaa taksi** [sojtta: taksi]
Ich brauche ein Taxi.	**Tarvitsen taksin.** [tarʋitsen taksin]
Jetzt sofort.	**Juuri nyt.** [ju:ri nyt]
Wie ist Ihre Adresse? (Standort)	**Mikä on osoitteesi?** [mikæ on osojtte:si?]
Meine Adresse ist ...	**Osoitteeni on ...** [osojtte:ni on ...]
Ihr Ziel?	**Mihin olet menossa?** [mihin olet menossa?]

Entschuldigen Sie bitte, ...	**Anteeksi, ...** [ante:ksi, ...]
Sind Sie frei?	**Oletko vapaa?** [oletko ʋapa:?]
Was kostet die Fahrt nach ...?	**Kuinka paljon maksaa mennä ...?** [kujŋka paljon maksa: mennæ ...?]
Wissen Sie wo es ist?	**Tiedätkö, missä se on?** [tiedætkø, missæ se on?]

Flughafen, bitte.	**Lentokentälle, kiitos.** [lentokentælle, ki:tos]
Halten Sie hier bitte an.	**Pysähdy tähän, kiitos.** [pysæhdy tæhæn, ki:tos]
Das ist nicht hier.	**Se ei ole täällä.** [se ej ole tæ:llæ]
Das ist die falsche Adresse.	**Tämä on väärä osoite.** [tæmæ on ʋæ:ræ osojte]
nach links	**Käänny vasemmalle.** [kæ:nny ʋasemmalle]
nach rechts	**Käänny oikealle.** [kæ:nny ojkealle]

Was schulde ich Ihnen?	**Kuinka paljon olen velkaa?** [kujŋka paljon olen velka:?]
Ich würde gerne ein Quittung haben, bitte.	**Voisinko saada kuitin.** [uojsiŋko sa:da kujtin]
Stimmt so.	**Voit pitää vaihtorahat.** [uojt pitæ: uajhtorahat]

Warten Sie auf mich bitte	**Odottaisitko minua?** [odottajsitko minua?]
fünf Minuten	**viisi minuuttia** [ui:si minu:ttia]
zehn Minuten	**kymmenen minuuttia** [kymmenen minu:ttia]
fünfzehn Minuten	**viisitoista minuuttia** [ui:sitojsta minu:ttia]
zwanzig Minuten	**kaksikymmentä minuuttia** [kaksikymmentæ minu:ttia]
eine halbe Stunde	**puoli tuntia** [puoli tuntia]

Hotel

Guten Tag.	**Hei.** [hej]
Mein Name ist ...	**Nimeni on ...** [nimeni on ...]
Ich habe eine Reservierung.	**Minulla on varaus.** [minulla on varaus]

Ich brauche ...	**Tarvitsen ...** [tarvitsen ...]
ein Einzelzimmer	**yhden hengen huoneen** [yhden heŋen huone:n]
ein Doppelzimmer	**kahden hengen huoneen** [kahden heŋen huone:n]
Wie viel kostet das?	**Kuinka paljon se maksaa?** [kujŋka paljon se maksa:?]
Das ist ein bisschen teuer.	**Se on aika kallis.** [se on ajka kallis]

Haben Sie sonst noch etwas?	**Onko muita vaihtoehtoja?** [oŋko mujta vajhtoehtoja?]
Ich nehme es.	**Otan sen.** [otan sen]
Ich zahle bar.	**Maksan käteisellä.** [maksan kætejsellæ]

Ich habe ein Problem.	**Minulla on ongelma.** [minulla on oŋelma]
Mein ... ist kaputt.	**Minun ... on rikki.** [minun ... on rikki]
Mein ... ist außer Betrieb.	**Minun ... on epäkunnossa.** [minun ... on epækunnossa]
Fernseher	**TV** [teve]
Klimaanlage	**ilmastointi** [ilmastojnti]
Wasserhahn	**hana** [hana]

Dusche	**suihku** [sujhku]
Waschbecken	**allas** [allas]
Safe	**kassakaappi** [kassaka:ppi]

Türschloss	**oven lukko** [ouen lukko]
Steckdose	**pistorasia** [pistorasia]
Föhn	**hiustenkuivaaja** [hiusteŋ·kujua:ja]

Ich habe kein ...	**Huoneessani ei ole ...** [huone:ssani ej ole ...]
Wasser	**vettä** [uettæ]
Licht	**valoa** [ualoa]
Strom	**sähköä** [sæhkøæ]

Können Sie mir ... geben?	**Voisitko antaa minulle ...?** [uojsitko anta: minulle ...?]
ein Handtuch	**pyyhkeen** [py:hke:n]
eine Decke	**peitteen** [pejtte:n]
Hausschuhe	**aamutossut** [a:mutossut]
einen Bademantel	**aamutakin** [a:mutakin]
etwas Shampoo	**sampoo** [sampo:]
etwas Seife	**saippuan** [sajppuan]

Ich möchte ein anderes Zimmer haben.	**Haluaisin vaihtaa huonetta.** [haluajsin uajhta: huonetta]
Ich kann meinen Schlüssel nicht finden.	**En löydä avaintani.** [en løydæ auajntani]
Machen Sie bitte meine Tür auf	**Voisitko avata huoneeni oven?** [uojsitko auata huone:ni ouen?]
Wer ist da?	**Kuka siellä?** [kuka siellæ?]
Kommen Sie rein!	**Tule sisään!** [tule sisæ:n!]
Einen Moment bitte!	**Hetki vain!** [hetki uajn!]
Nicht jetzt bitte.	**Ei juuri nyt, kiitos.** [ej ju:ri nyt, ki:tos]

Kommen Sie bitte in mein Zimmer.	**Voisitko tulla huoneeseeni.** [uojsitko tulla huone:se:ni]
Ich würde gerne Essen bestellen.	**Haluaisin tilata huonepalvelusta.** [haluajsin tilata huonepaluelusta]
Meine Zimmernummer ist ...	**Huoneeni numero on ...** [huone:ni numero on ...]

33

Ich reise … ab.	**Olen lähdössä …** [olen læhdøssæ …]
Wir reisen … ab.	**Olemme lähdössä …** [olemme læhdøssæ …]
jetzt	**juuri nyt** [juːri nyt]
diesen Nachmittag	**tänä iltapäivänä** [tænæ iltapæjʋænæ]
heute Abend	**tänä iltana** [tænæ iltɑnɑ]
morgen	**huomenna** [huomennɑ]
morgen früh	**huomenaamuna** [huomenɑːmunɑ]
morgen Abend	**huomenillalla** [huomenillɑllɑ]
übermorgen	**ylihuomenna** [yliĥuomennɑ]

Ich möchte die Zimmerrechnung begleichen.	**Haluaisin maksaa.** [hɑluɑjsin mɑksɑː]
Alles war wunderbar.	**Kaikki oli mahtavaa.** [kɑjkki oli mɑhtɑʋɑː]
Wo kann ich ein Taxi bekommen?	**Mistä voin saada taksin?** [mistæ ʋojn sɑːdɑ tɑksin?]
Würden Sie bitte ein Taxi für mich holen?	**Voisitko soittaa minulle taksin, kiitos?** [ʋojsitko sojttɑː minulle tɑksin, kiːtos?]

Restaurant

Könnte ich die Speisekarte sehen bitte?

Tisch für einen.

Wir sind zu zweit (dritt, viert).

Saisinko katsoa ruokalistaa, kiitos?
[sɑjsiŋko kɑtsoɑ ruokɑ·lista:, ki:tos?]
Pöytä yhdelle.
[pøytæ yhdelle]
Meitä on kaksi (kolme, neljä).
[mejtæ on kɑksi (kolme, neljæ)]

Raucher

Nichtraucher

Entschuldigen Sie mich!
(Einen Kellner ansprechen)
Speisekarte

Weinkarte

Die Speisekarte bitte.

Tupakointi
[tupɑkojnti]
Tupakointi kielletty
[tupɑkojnti kielletty]
Anteeksi!
[ɑnte:ksi!]
ruokalista
[ruokɑ·listɑ]
viinilista
[ʋi:ni·listɑ]
Ruokalista, kiitos.
[ruokɑ·listɑ, ki:tos]

Sind Sie bereit zum bestellen?

Was würden Sie gerne haben?

Ich möchte ...

Oletteko valmis tilaamaan?
[oletteko ʋɑlmis tilɑ:mɑ:n?]
Mitä haluaisitte?
[mitæ hɑluɑjsitte?]
Otan ...
[otɑn ...]

Ich bin Vegetarier.

Fleisch

Fisch

Gemüse

Haben Sie vegetarisches Essen?

Ich esse kein Schweinefleisch.

Er /Sie/ isst kein Fleisch.

Ich bin allergisch auf ...

Olen kasvissyöjä.
[olen kɑsʋissyøjæ]
liha
[lihɑ]
kala
[kɑlɑ]
vihannekset
[ʋihɑnnekset]
Onko teillä kasvisruokaa?
[oŋko tejllæ kɑsʋisruokɑ:?]
En syö sianlihaa.
[en syø siɑnlihɑ:]
Hän ei syö lihaa.
[hæn ej syø lihɑ:]
Olen allerginen ...
[olen ɑllerginen ...]

Könnten Sie mir bitte … Bringen.

Toisitteko minulle …
[tojsitteko minulle …]

Salz | Pfeffer | Zucker

suola | pippuri | sokeri
[suola | pippuri | sokeri]

Kaffee | Tee | Nachtisch

kahvi | tee | jälkiruoka
[kahʋi | te: | jælkiruoka]

Wasser | Sprudel | stilles

vesi | hiilihapollinen | tavallinen
[ʋesi | hi:lihapollinen | taʋallinen]

einen Löffel | eine Gabel | ein Messer

lusikka | haarukka | veitsi
[lusikka | hɑ:rukka | ʋejtsi]

einen Teller | eine Serviette

lautanen | lautasliina
[lautanen | lautasli:na]

Guten Appetit!

Hyvää ruokahalua!
[hyʋæ: ruokahalua!]

Noch einen bitte.

Toinen samanlainen, kiitos.
[tojnen samanlajnen, ki:tos]

Es war sehr lecker.

Se oli todella herkullista.
[se oli todella herkullista]

Scheck | Wechselgeld | Trinkgeld

lasku | vaihtoraha | tippi
[lasku | ʋajhtoraha | tippi]

Zahlen bitte.

Lasku, kiitos.
[lasku, ki:tos]

Kann ich mit Karte zahlen?

Voinko maksaa luottokortilla?
[ʋojŋko maksɑ: luottokortilla?]

Entschuldigen Sie, hier ist ein Fehler.

Olen pahoillani, mutta tässä on virhe.
[olen pahojllani, mutta tæssæ on ʋirhe]

Einkaufen

Kann ich Ihnen behilflich sein?	**Voinko auttaa?** [ʋojŋko autta:?]
Haben Sie ...?	**Onko teillä ...?** [oŋko tejllæ ...?]
Ich suche ...	**Etsin ...** [etsin ...]
Ich brauche ...	**Tarvitsen ...** [tarʋitsen ...]

Ich möchte nur schauen.	**Katselen vain.** [katselen ʋajn]
Wir möchten nur schauen.	**Katselemme vain.** [katselemme ʋajn]
Ich komme später noch einmal zurück.	**Palaan takaisin myöhemmin.** [pala:n takajsin myøhemmin]
Wir kommen später vorbei.	**Palaamme takaisin myöhemmin.** [pala:mme takajsin myøhemmin]
Rabatt | Ausverkauf	**alennukset | ale** [alennukset | ale]

Zeigen Sie mir bitte ...	**Näyttäisitkö minulle ...** [næøyttæjsitkø minulle ...]
Geben Sie mir bitte ...	**Antaisitko minulle ...** [antajsitko minulle ...]
Kann ich es anprobieren?	**Voinko kokeilla tätä?** [ʋojŋko kokejlla tætæ?]
Entschuldigen Sie bitte, wo ist die Anprobe?	**Anteeksi, missä on sovituskoppi?** [ante:ksi, missæ on soʋituskoppi?]
Welche Farbe mögen Sie?	**Minkä värisen haluaisitte?** [miŋkæ ʋærisen haluajsitte?]
Größe | Länge	**koko | pituus** [koko | pitu:s]
Wie sitzt es?	**Kuinka tämä istuu?** [kujŋka tæmæ istu:?]

Was kostet das?	**Kuinka paljon tämä maksaa?** [kujŋka paljon tæmæ maksa:?]
Das ist zu teuer.	**Se on liian kallis.** [se on li:an kallis]
Ich nehme es.	**Otan sen.** [otan sen]
Entschuldigen Sie bitte, wo ist die Kasse?	**Anteeksi, missä voin maksaa?** [ante:ksi, missæ ʋojn maksa:?]

Zahlen Sie Bar oder mit Karte?

**Maksatteko käteisellä
vai luottokortilla?**
[maksatteko kætejsellæ
ʋaj luottokortilla?]

in Bar | mit Karte

Käteisellä | luottokortilla
[kætejsellæ | luottokortilla]

Brauchen Sie die Quittung?

Haluaisitteko kuitin?
[haluajsitteko kujtin?]

Ja, bitte.

Kyllä kiitos.
[kyllæ ki:tos]

Nein, es ist ok.

Ei, en halua.
[ej, en halua]

Danke. Einen schönen Tag noch!

Kiitos. Mukavaa päivää!
[ki:tos. mukaʋa: pæjʋæ:!]

In der Stadt

Entschuldigen Sie bitte, ...	**Anteeksi.** [ɑnte:ksi]
Ich suche ...	**Etsin ...** [etsin ...]
die U-Bahn	**metro** [metro]
mein Hotel	**hotellini** [hotellini]
das Kino	**elokuvateatteri** [elokuʋɑ·teɑtteri]
den Taxistand	**taksipysäkki** [tɑksi·pysækki]

einen Geldautomat	**pankkiautomaatti** [pɑŋkki·ɑutomɑ:tti]
eine Wechselstube	**valuutanvaihtopiste** [ʋɑlu:tɑnʋɑjhto·piste]
ein Internetcafé	**Internet-kahvila** [internet·kɑhʋilɑ]
die ... -Straße	**... katu** [... kɑtu]
diesen Ort	**tämä paikka** [tæmæ pɑjkkɑ]

Wissen Sie, wo ... ist?	**Tiedättekö, missä on ...?** [tiedættekø, missæ on ...?]
Wie heißt diese Straße?	**Mikä katu tämä on?** [mikæ kɑtu tæmæ on?]
Zeigen Sie mir wo wir gerade sind.	**Voisitteko näyttää minulle, missä me olemme nyt.** [ʋojsitteko næyttæ: minulle, missæ me olemme nyt]
Kann ich dort zu Fuß hingehen?	**Voiko sinne kävellä?** [ʋojko sinne kæʋellæ?]
Haben Sie einen Stadtplan?	**Onko teillä kaupungin karttaa?** [oŋko tejllæ kɑupuŋin kɑrttɑ:?]

Was kostet eine Eintrittskarte?	**Kuinka paljon pääsylippu maksaa?** [kujŋkɑ pɑljon pæ:sylippu mɑksɑ:?]
Darf man hier fotografieren?	**Voinko ottaa täällä kuvia?** [ʋojŋko ottɑ: tæ:llæ kuʋiɑ?]
Haben Sie offen?	**Oletteko auki?** [oletteko ɑuki?]

Wann öffnen Sie?

Milloin aukeatte?
[millojn aukeatte?]

Wann schließen Sie?

Milloin menette kiinni?
[millojn menette ki:nni?]

Geld

Geld	**raha** [rɑɦɑ]
Bargeld	**käteinen** [kætejnen]
Papiergeld	**setelit** [setelit]
Kleingeld	**pikkuraha** [pikku·rɑɦɑ]
Scheck | Wechselgeld | Trinkgeld	**lasku | vaihtoraha | tippi** [lɑsku | ʋɑjhtorɑɦɑ | tippi]
Kreditkarte	**luottokortti** [luotto·kortti]
Geldbeutel	**lompakko** [lompɑkko]
kaufen	**ostaa** [ostɑ:]
zahlen	**maksaa** [mɑksɑ:]
Strafe	**sakko** [sɑkko]
kostenlos	**ilmainen** [ilmɑjnen]
Wo kann ich … kaufen?	**Mistä voin ostaa …?** [mistæ ʋojn ostɑ: …?]
Ist die Bank jetzt offen?	**Onko pankki nyt auki?** [oŋko pɑŋkki nyt ɑuki?]
Wann öffnet sie?	**Milloin se aukeaa?** [millojn se ɑukeɑ:?]
Wann schließt sie?	**Milloin se menee kiinni?** [millojn se mene: ki:nni?]
Wie viel?	**Kuinka paljon?** [kujŋkɑ pɑljon?]
Was kostet das?	**Kuinka paljon tämä maksaa?** [kujŋkɑ pɑljon tæmæ mɑksɑ:?]
Das ist zu teuer.	**Se on liian kallis.** [se on li:ɑn kɑllis]
Entschuldigen Sie bitte, wo ist die Kasse?	**Anteeksi, missä voin maksaa?** [ɑnte:ksi, missæ ʋojn mɑksɑ:?]
Ich möchte zahlen.	**Lasku, kiitos.** [lɑsku, ki:tos]

Kann ich mit Karte zahlen?

Voinko maksaa luottokortilla?
[voiŋko maksa: luottokortilla?]

Gibt es hier einen Geldautomat?

Onko täällä pankkiautomaattia?
[oŋko tæ:llæ paŋkki·automa:ttia?]

Ich brauche einen Geldautomat.

Etsin pankkiautomaattia.
[etsin paŋkki·automa:ttia]

Ich suche eine Wechselstube.

Etsin valuutanvaihtopistettä.
[etsin valu:tanvajhto·pistettæ]

Ich möchte … wechseln.

Haluaisin vaihtaa …
[haluajsin vajhta: …]

Was ist der Wechselkurs?

Mikä on vaihtokurssi?
[mikæ on vajhto·kurssi?]

Brauchen Sie meinen Reisepass?

Tarvitsetteko passini?
[tarvitsetteko passini?]

Zeit

Wie spät ist es?	**Paljonko kello on?** [pɑljoŋko kello on?]
Wann?	**Milloin?** [millojn?]
Um wie viel Uhr?	**Mihin aikaan?** [mihin ɑjkɑːn?]
jetzt | später | nach …	**nyt | myöhemmin | jälkeen …** [nyt | myøhemmin | jælkeːn …]

ein Uhr	**kello yksi** [kello yksi]
Viertel zwei	**vartin yli yksi** [ʋɑrtin yli yksi]
Ein Uhr dreißig	**puoli kaksi** [puoli kaksi]
Viertel vor zwei	**varttia vaille kaksi** [ʋɑrttiɑ ʋɑjlle kɑksi]

eins | zwei | drei	**yksi | kaksi | kolme** [yksi | kɑksi | kolme]
vier | fünf | sechs	**neljä | viisi | kuusi** [neljæ | ʋiːsi | kuːsi]
sieben | acht | neun	**seitsemän | kahdeksan | yhdeksän** [sejtsemæn | kɑhdeksɑn | yhdeksæn]
zehn | elf | zwölf	**kymmenen | yksitoista | kaksitoista** [kymmenen | yksitojstɑ | kɑksitojstɑ]

in …	**… kuluttua** [… kuluttuɑ]
fünf Minuten	**viiden minuutin kuluttua** [ʋiːden minuːtin kuluttuɑ]
zehn Minuten	**kymmenen minuutin kuluttua** [kymmenen minuːtin kuluttuɑ]
fünfzehn Minuten	**viidentoista minuutin kuluttua** [ʋiːden·tojstɑ minuːtin kuluttuɑ]
zwanzig Minuten	**kahdenkymmenen minuutin kuluttua** [kɑhdeŋkymmenen minuːtin kuluttuɑ]
einer halben Stunde	**puolen tunnin kuluttua** [puolen tunnin kuluttuɑ]
einer Stunde	**tunnin kuluttua** [tunnin kuluttuɑ]

am Vormittag	aamulla [ɑ:mulla]
früh am Morgen	aikaisin aamulla [ajkajsin ɑ:mulla]
diesen Morgen	tänä aamuna [tænæ ɑ:muna]
morgen früh	huomenaamuna [huomenɑ:muna]

am Mittag	keskipäivällä [keskipæjʋællæ]
am Nachmittag	iltapäivällä [ilta·pæjʋællæ]
am Abend	illalla [illalla]
heute Abend	tänä iltana [tænæ iltana]

in der Nacht	yöllä [yøllæ]
gestern	eilen [ejlen]
heute	tänään [tænæ:n]
morgen	huomenna [huomenna]
übermorgen	ylihuomenna [ylihuomenna]

Welcher Tag ist heute?	Mikä päivä tänään on? [mikæ pæjʋæ tænæ:n on?]
Es ist …	Tänään on … [tænæ:n on …]
Montag	maanantai [mɑ:nantaj]
Dienstag	tiistai [ti:staj]
Mittwoch	keskiviikko [keskiʋi:kko]

Donnerstag	torstai [torstaj]
Freitag	perjantai [perjantaj]
Samstag	lauantai [lauantaj]
Sonntag	sunnuntai [sunnuntaj]

Begrüßungen und Vorstellungen

Hallo.	**Hei.** [hej]
Freut mich, Sie kennen zu lernen.	**Mukava tavata.** [mukɑvɑ tɑvɑtɑ]
Ganz meinerseits.	**Samoin.** [sɑmojn]
Darf ich vorstellen? Das ist ...	**Saanko esitellä ...** [sɑːŋko esitellæ ...]
Sehr angenehm.	**Hauska tavata.** [hɑuskɑ tɑvɑtɑ]

Wie geht es Ihnen?	**Kuinka voit?** [kujŋkɑ ʋojt?]
Ich heiße ...	**Nimeni on ...** [nimeni on ...]
Er heißt ...	**Hänen nimensä on ...** [hænen nimensæ on ...]
Sie heißt ...	**Hänen nimensä on ...** [hænen nimensæ on ...]
Wie heißen Sie?	**Mikä sinun nimesi on?** [mikæ sinun nimesi on?]
Wie heißt er?	**Mikä hänen nimensä on?** [mikæ hænen nimensæ on?]
Wie heißt sie?	**Mikä hänen nimensä on?** [mikæ hænen nimensæ on?]

Wie ist Ihr Nachname?	**Mikä on sukunimesi?** [mikæ on sukunimesi?]
Sie können mich ... nennen.	**Voit soittaa minulle ...** [ʋojt sojttɑː minulle ...]
Woher kommen Sie?	**Mistä olet kotoisin?** [mistæ olet kotojsin?]
Ich komme aus ...	**Olen ...** [olen ...]
Was machen Sie beruflich?	**Mitä teet työksesi?** [mitæ teːt tyøksesi?]
Wer ist das?	**Kuka tämä on?** [kukɑ tæmæ on?]
Wer ist er?	**Kuka hän on?** [kukɑ hæn on?]
Wer ist sie?	**Kuka hän on?** [kukɑ hæn on?]
Wer sind sie?	**Keitä he ovat?** [kejtæ he oʋɑt?]

Das ist …	**Tämä on …** [tæmæ on …]
mein Freund	**ystäväni** [ystæʋæni]
meine Freundin	**ystäväni** [ystæʋæni]
mein Mann	**mieheni** [mieĥeni]
meine Frau	**vaimoni** [ʋɑjmoni]

mein Vater	**isäni** [isæni]
meine Mutter	**äitini** [æjtini]
mein Bruder	**veljeni** [ʋeljeni]
meine Schwester	**siskoni** [siskoni]
mein Sohn	**poikani** [pojkɑni]
meine Tochter	**tyttäreni** [tyttæreni]

Das ist unser Sohn.	**Tämä on poikamme.** [tæmæ on pojkɑmme]
Das ist unsere Tochter.	**Tämä on tyttäremme.** [tæmæ on tyttæremme]
Das sind meine Kinder.	**Nämä ovat lapsiani.** [næmæ oʋɑt lɑpsiɑni]
Das sind unsere Kinder.	**Nämä ovat lapsiamme.** [næmæ oʋɑt lɑpsiɑmme]

Verabschiedungen

Auf Wiedersehen!	**Näkemiin!** [nækemi:n!]
Tschüss!	**Hei hei!** [hej hej!]
Bis morgen.	**Nähdään huomenna.** [næhdæ:n huomenna]
Bis bald.	**Nähdään pian.** [næhdæ:n pian]
Bis um sieben.	**Nähdään seitsemältä.** [næhdæ:n sejtsemæltæ]

Viel Spaß!	**Pitäkää hauskaa!** [pitækæ: hauska:!]
Wir sprechen später.	**Jutellaan myöhemmin.** [jutella:n myøhemmin]
Ich wünsche Ihnen ein schönes Wochenende.	**Hyvää viikonloppua!** [hyuæ: ui:konloppua!]
Gute Nacht.	**Hyvää yötä.** [hyuæ: yøtæ]

Es ist Zeit, dass ich gehe.	**Minun on aika lähteä.** [minun on ajka læhteæ]
Ich muss gehen.	**Minun täytyy lähteä.** [minun tæyty: læhteæ]
Ich bin gleich wieder da.	**Tulen kohta takaisin.** [tulen kohta takajsin]

Es ist schon spät.	**On myöhä.** [on myøhæ]
Ich muss früh aufstehen.	**Minun täytyy nousta aikaisin.** [minun tæyty: nousta ajkajsin]
Ich reise morgen ab.	**Lähden huomenna.** [læhden huomenna]
Wir reisen morgen ab.	**Lähdemme huomenna.** [læhdemme huomenna]

Ich wünsche Ihnen eine gute Reise!	**Hyvää matkaa!** [hyuæ: matka:!]
Hat mich gefreut, Sie kennen zu lernen.	**Oli mukava tavata.** [oli mukaua tauata]
Hat mich gefreut mit Ihnen zu sprechen.	**Oli mukava jutella.** [oli mukaua jutella]
Danke für alles.	**Kiitos kaikesta.** [ki:tos kajkesta]

Ich hatte eine sehr gute Zeit.

Minulla oli tosi hauskaa.
[minulla oli tosi hauska:]

Wir hatten eine sehr gute Zeit.

Meillä oli tosi hauskaa.
[mejllæ oli tosi hauska:]

Es war wirklich toll.

Se oli tosi mahtavaa.
[se oli tosi mahtava:]

Ich werde Sie vermissen.

Tulen kaipaamaan sinua.
[tulen kajpa:ma:n sinua]

Wir werden Sie vermissen.

Tulemme kaipaamaan sinua /teitä/.
[tulemme kajpa:ma:n sinua /tejtæ/]

Viel Glück!

Onnea matkaan!
[onnea matka:n!]

Grüßen Sie ...

Kerro terveisiä ...
[kerro teruejsiæ ...]

Fremdsprache

Ich verstehe nicht.

Schreiben Sie es bitte auf.

Sprechen Sie ...?

En ymmärrä.
[en ymmærræ]
Voisitko kirjoittaa sen.
[uojsitko kirjoitta: sen]
Puhutko ...?
[puhutko ...?]

Ich spreche ein bisschen ...

Englisch

Türkisch

Arabisch

Französisch

Puhun vähän ...
[puhun uæhæn ...]
englantia
[eŋlantia]
turkkia
[turkkia]
arabiaa
[arabia:]
ranskaa
[ranska:]

Deutsch

Italienisch

Spanisch

Portugiesisch

Chinesisch

Japanisch

saksaa
[saksa:]
italiaa
[italia:]
espanjaa
[espanja:]
portugalia
[portugalia]
kiinaa
[ki:na:]
japania
[japania]

Können Sie das bitte wiederholen.

Ich verstehe.

Ich verstehe nicht.

Sprechen Sie etwas langsamer.

Voisitko toistaa, kiitos.
[uojsitko tojsta:, ki:tos]
Ymmärrän.
[ymmærræn]
En ymmärrä.
[en ymmærræ]
Voisitko puhua hitaammin.
[uojsitko puhua hita:mmin]

Ist das richtig?

Was ist das? (Was bedeutet das?)

Onko tämä oikein?
[oŋko tæmæ ojkejn?]
Mikä tämä on?
[mikæ tæmæ on?]

Entschuldigungen

Entschuldigen Sie bitte.

Anteeksi.
[ante:ksi]

Es tut mir leid.

Olen pahoillani.
[olen paĥojllani]

Es tut mir sehr leid.

Olen todella pahoillani.
[olen todella paĥojllani]

Es tut mir leid, das ist meine Schuld.

Anteeksi, se on minun vikani.
[ante:ksi, se on minun vikani]

Das ist mein Fehler.

Minun virheeni.
[minun virhe:ni]

Darf ich ...?

Saanko ...?
[sɑ:ŋko ...?]

Haben Sie etwas dagegen, wenn ich ...?

Haittaakko jos ...?
[hɑjttɑ:kko jos ...?]

Es ist okay.

Se on OK.
[se on ok]

Alles in Ordnung.

Ole hyvä.
[ole hyvæ]

Machen Sie sich keine Sorgen.

Ei tarvitse kiittää.
[ej tarvitse ki:ttæ:]

Einigung

Ja.	**Kyllä.**
	[kyllæ]
Ja, natürlich.	**Kyllä, varmasti.**
	[kyllæ, ʋɑrmɑsti]
Ok! (Gut!)	**OK! Hyvä!**
	[ok! hyʋæ!]
Sehr gut.	**Hyvä on.**
	[hyʋæ on]
Natürlich!	**Totta kai!**
	[tottɑ kɑj!]
Genau.	**Olen samaa mieltä.**
	[olen sɑmɑː mieltæ]

Das stimmt.	**Näin se on.**
	[næjn se on]
Das ist richtig.	**Juuri niin.**
	[juːri niːn]
Sie haben Recht.	**Olet oikeassa.**
	[olet ojkeɑssɑ]
Ich habe nichts dagegen.	**Ei se minua haittaa.**
	[ej se minuɑ hɑjttɑː]
Völlig richtig.	**Täysin oikein.**
	[tæysin ojkejn]

Das kann sein.	**Se on mahdollista.**
	[se on mɑhdollistɑ]
Das ist eine gute Idee.	**Tuo on hyvä idea.**
	[tuo on hyʋæ ideɑ]
Ich kann es nicht ablehnen.	**En voi kieltäytyä.**
	[en ʋoj kieltæytyæ]
Ich würde mich freuen.	**Mielelläni.**
	[mielellæni]
Gerne.	**Mielihyvin.**
	[mielihyʋin]

Ablehnung. Äußerung von Zweifel

Nein.	**Ei.** [ej]
Natürlich nicht.	**Ei todellakaan.** [ej todellɑkɑ:n]
Ich stimme nicht zu.	**En ole samaa mieltä.** [en ole sɑmɑ: mieltæ]
Das glaube ich nicht.	**En usko.** [en usko]
Das ist falsch.	**Se ei ole totta.** [se ej ole tottɑ]

Sie liegen falsch.	**Olet väärässä.** [olet ʋæ:ræssæ]
Ich glaube, Sie haben Unrecht.	**Luulen, että olet väärässä.** [lu:len, ettæ olet ʋæ:ræssæ]
Ich bin nicht sicher.	**En ole varma.** [en ole ʋɑrmɑ]
Das ist unmöglich.	**Se on mahdotonta.** [se on mɑhdotontɑ]
Nichts dergleichen!	**Ei mitään sellaista!** [ej mitæ:n sellɑjstɑ!]

Im Gegenteil!	**Täysin päinvastoin.** [tæysin pæjnʋɑstojn]
Ich bin dagegen.	**Vastustan sitä.** [ʋɑstustɑn sitæ]
Es ist mir egal.	**En välitä.** [en ʋælitæ]
Keine Ahnung.	**Minulla ei ole aavistustakaan.** [minulla ej ole ɑ:ʋistustɑkɑ:n]
Ich bezweifle, dass es so ist.	**Epäilen sitä.** [epæjlen sitæ]

Es tut mir leid, ich kann nicht.	**Olen pahoillani, mutta en voi.** [olen pɑhojllɑni, mutta en ʋoj]
Es tut mir leid, ich möchte nicht.	**Olen pahoillani, mutta en halua.** [olen pɑhojllɑni, mutta en hɑluɑ]

Danke, das brauche ich nicht.	**Kiitos, mutta en tarvitse tätä.** [ki:tos, mutta en tɑrʋitse tætæ]
Es ist schon spät.	**Alkaa olla jo myöhä.** [ɑlkɑ: olla jo myøhæ]

Ich muss früh aufstehen.

Minun täytyy nousta aikaisin.
[minun tæyty: nousta ɑjkɑjsin]

Mir geht es schlecht.

En voi hyvin.
[en ʋoj hyʋin]

Dankbarkeit ausdrücken

Danke. **Kiitos.**
[ki:tos]

Dankeschön. **Tuhannet kiitokset.**
[tuhannet ki:tokset]

Ich bin Ihnen sehr verbunden. **Arvostan sitä todella.**
[aruostan sitæ todella]

Ich bin Ihnen sehr dankbar. **Olen tosi kiitollinen sinulle.**
[olen tosi ki:tollinen sinulle]

Wir sind Ihnen sehr dankbar. **Olemme tosi kiitollisia sinulle.**
[olemme tosi ki:tollisia sinulle]

Danke, dass Sie Ihre Zeit **Kiitos ajastasi.**
geopfert haben. [ki:tos ajastasi]

Danke für alles. **Kiitos kaikesta.**
[ki:tos kajkesta]

Danke für ... **Kiitos ...**
[ki:tos ...]

Ihre Hilfe **avustasi**
[auustasi]

die schöne Zeit **mukavasta ajasta**
[mukauasta ajasta]

das wunderbare Essen **ihanasta ateriasta**
[ihanasta ateriasta]

den angenehmen Abend **mukavasta illasta**
[mukauasta illasta]

den wunderschönen Tag **ihanasta päivästä**
[ihanasta pæjuæstæ]

die interessante Führung **mahtavasta matkasta**
[mahtauasta matkasta]

Keine Ursache. **Ei kestä.**
[ej kestæ]

Nichts zu danken. **Ole hyvä.**
[ole hyuæ]

Immer gerne. **Eipä kestä.**
[ejpæ kestæ]

Es freut mich, geholfen zu haben. **Ilo on kokonaan minun puolellani.**
[ilo on kokona:n minun puolellani]

Vergessen Sie es. **Unohda se.**
[unohda se]

Machen Sie sich keine Sorgen. **Ei tarvitse kiittää.**
[ej taruitse ki:ttæ:]

Glückwünsche. Beste Wünsche

Glückwunsch!	**Onnittelut!**
	[onnittelut!]
Alles gute zum Geburtstag!	**Hyvää syntymäpäivää!**
	[hyʋæ: syntymæpæjʋæ:!]
Frohe Weihnachten!	**Hyvää joulua!**
	[hyʋæ: joulua!]
Frohes neues Jahr!	**Onnellista Uutta Vuotta!**
	[onnellista u:tta ʋuotta!]

Frohe Ostern!	**Hyvää Pääsiäistä!**
	[hyʋæ: pæ:siæjstæ!]
Frohes Hanukkah!	**Onnellista Hanukka!**
	[onnellista hanukka!]

Ich möchte einen Toast ausbringen.	**Haluaisin ehdottaa maljaa.**
	[haluajsin ehdotta: malja:]
Auf Ihr Wohl!	**Kippis!**
	[kippis!]
Trinken wir auf ...!	**Malja ...!**
	[malja ...!]
Auf unseren Erfolg!	**Menestykselle!**
	[menestykselle!]
Auf Ihren Erfolg!	**Menestyksellesi!**
	[menestyksellesi!]

Viel Glück!	**Onnea matkaan!**
	[onnea matka:n!]
Einen schönen Tag noch!	**Mukavaa päivää!**
	[mukaʋa: pæjʋæ:!]
Haben Sie einen guten Urlaub!	**Mukavaa lomaa!**
	[mukaʋa: loma:!]
Haben Sie eine sichere Reise!	**Turvallista matkaa!**
	[turʋallista matka:!]
Ich hoffe es geht Ihnen bald besser!	**Toivon että paranet pian!**
	[tojʋon ettæ paranet pian!]

Sozialisieren

Warum sind Sie traurig?	**Miksi olet surullinen?** [miksi olet surullinen?]
Lächeln Sie!	**Hymyile! Piristy!** [hymyile! piristy!]
Sind Sie heute Abend frei?	**Oletko vapaa tänä iltana?** [oletko ʋapɑ: tænæ iltɑnɑ?]

Darf ich Ihnen was zum Trinken anbieten?	**Voinko tarjota sinulle juotavaa?** [ʋojŋko tarjota sinulle juotaʋɑ:?]
Möchten Sie tanzen?	**Haluaisitko tulla tanssimaan?** [haluajsitko tulla tanssimɑ:n?]
Gehen wir ins Kino.	**Mennään elokuviin.** [mennæ:n elokuʋi:n]

Darf ich Sie ins ... einladen?	**Saanko kutsua sinut ...?** [sɑ:ŋko kutsua sinut ...?]
Restaurant	**ravintolaan** [raʋintolɑ:n]
Kino	**elokuviin** [elokuʋi:n]
Theater	**teatteriin** [teatteri:n]
auf einen Spaziergang	**kävelylle** [kæʋelylle]

Um wie viel Uhr?	**Mihin aikaan?** [miɦin ajkɑ:n?]
heute Abend	**tänä iltana** [tænæ iltana]
um sechs Uhr	**kuudelta** [ku:delta]
um sieben Uhr	**seitsemältä** [sejtsemæltæ]
um acht Uhr	**kahdeksalta** [kahdeksalta]
um neun Uhr	**yhdeksältä** [yhdeksæltæ]

Gefällt es Ihnen hier?	**Pidätkö tästä paikasta?** [pidætkø tæstæ pajkasta?]
Sind Sie hier mit jemandem?	**Oletko täällä jonkun kanssa?** [oletko tæ:llæ joŋkun kanssa?]
Ich bin mit meinem Freund /meiner Freundin/.	**Olen ystäväni kanssa.** [olen ystæʋæni kanssa]

Ich bin mit meinen Freunden.	**Olen ystävieni kanssa.** [olen ystæuieni kanssa]
Nein, ich bin alleine.	**Ei, olen yksin.** [ej, olen yksin]

Hast du einen Freund?	**Onko sinulla poikaystävää?** [oŋko sinulla pojka·ystæuæ:?]
Ich habe einen Freund.	**Minulla on poikaystävä.** [minulla on pojka·ystæuæ]
Hast du eine Freundin?	**Onko sinulla tyttöystävää?** [oŋko sinulla tyttø·ystæuæ:?]
Ich habe eine Freundin.	**Minulla on tyttöystävä.** [minulla on tyttø·ystæuæ]

Kann ich dich nochmals sehen?	**Saanko tavata sinut uudelleen?** [sɑ:ŋko tauata sinut u:delle:n?]
Kann ich dich anrufen?	**Saanko soittaa sinulle?** [sɑ:ŋko sojtta: sinulle?]
Ruf mich an.	**Soita minulle.** [sojta minulle]
Was ist deine Nummer?	**Mikä on puhelinnumerosi?** [mikæ on puhelin·numerosi?]
Ich vermisse dich.	**Kaipaan sinua.** [kajpa:n sinua]

Sie haben einen schönen Namen.	**Sinulla on kaunis nimi.** [sinulla on kaunis nimi]
Ich liebe dich.	**Rakastan sinua.** [rakastan sinua]
Willst du mich heiraten?	**Menisitkö naimisiin kanssani?** [menisitkø najmisi:n kanssani?]
Sie machen Scherze!	**Lasket leikkiä!** [lasket lejkkiæ!]
Ich habe nur gescherzt.	**Lasken vain leikkiä.** [lasken uajn lejkkiæ]

Ist das Ihr Ernst?	**Oletko tosissasi?** [oletko tosissasi?]
Das ist mein Ernst.	**Olen tosissani.** [olen tosissani]
Echt?!	**Ihanko totta?!** [ihaŋko totta?!]
Das ist unglaublich!	**Se on uskomatonta!** [se on uskomatonta!]
Ich glaube Ihnen nicht.	**En usko sinua.** [en usko sinua]
Ich kann nicht.	**En voi.** [en uoj]
Ich weiß nicht.	**En tiedä.** [en tiedæ]
Ich verstehe Sie nicht.	**En ymmärrä sinua.** [en ymmærræ sinua]

Bitte gehen Sie weg. | **Ole hyvä mene pois.**
[ole hyʋæ mene pojs]

Lassen Sie mich in Ruhe! | **Jätä minut rauhaan!**
[jætæ minut rɑuɦɑ:n!]

Ich kann ihn nicht ausstehen. | **En voi sietää häntä.**
[en ʋoj sietæ: hæntæ]

Sie sind widerlich! | **Olet inhottava!**
[olet inhottɑʋɑ!]

Ich rufe die Polizei an! | **Soitan poliisille!**
[sojtɑn poli:sille!]

Gemeinsame Eindrücke. Emotionen

Das gefällt mir.	**Pidän siitä.** [pidæn si:tæ]
Sehr nett.	**Tosi kiva.** [tosi kiʋɑ]
Das ist toll!	**Sepä hienoa!** [sepæ hienoɑ!]
Das ist nicht schlecht.	**Ei huono.** [ej huono]

Das gefällt mir nicht.	**En pidä siitä.** [en pidæ si:tæ]
Das ist nicht gut.	**Se ei ole hyvä.** [se ej ole hyʋæ]
Das ist schlecht.	**Se on huono.** [se on huono]
Das ist sehr schlecht.	**Se on tosi huono.** [se on tosi huono]
Das ist widerlich.	**Se on inhottava.** [se on inhottaʋɑ]

Ich bin glücklich.	**Olen onnellinen.** [olen onnellinen]
Ich bin zufrieden.	**Olen tyytyväinen.** [olen ty:tyʋæjnen]
Ich bin verliebt.	**Olen rakastunut.** [olen rɑkɑstunut]
Ich bin ruhig.	**Olen rauhallinen.** [olen rɑuɦɑllinen]
Ich bin gelangweilt.	**Olen tylsistynyt.** [olen tylsistynyt]

Ich bin müde.	**Olen väsynyt.** [olen ʋæsynyt]
Ich bin traurig.	**Olen surullinen.** [olen surullinen]
Ich habe Angst.	**Olen peloissani.** [olen pelojssɑni]

Ich bin wütend.	**Olen vihainen.** [olen ʋiɦɑjnen]
Ich mache mir Sorgen.	**Olen huolissani.** [olen huolissɑni]
Ich bin nervös.	**Olen hermostunut.** [olen hermostunut]

Ich bin eifersüchtig.

Olen mustasukkainen.
[olen mustasukkajnen]

Ich bin überrascht .

Olen yllättynyt.
[olen yllættynyt]

Es ist mir peinlich.

Olen hämilläni.
[olen hæmillæni]

Probleme. Unfälle

Ich habe ein Problem.	**Minulla on ongelma.** [minulla on oŋelma]
Wir haben Probleme.	**Meillä on ongelma.** [mejllæ on oŋelma]
Ich bin verloren.	**Olen eksynyt.** [olen eksynyt]
Ich habe den letzten Bus (Zug) verpasst.	**Myöhästyin viimeisestä bussista (junasta).** [myøhæstyin ui:mejsestæ bussista (junasta)]
Ich habe kein Geld mehr.	**Minulla ei ole ollenkaan rahaa jäljellä.** [minulla ej ole olleŋka:n raɦa: jæljellæ]

Ich habe mein … verloren.	**Olen hukannut …** [olen hukannut …]
Jemand hat mein … gestohlen.	**Joku varasti minun …** [joku uarasti minun …]
Reisepass	**passini** [passini]
Geldbeutel	**lompakkoni** [lompakkoni]
Papiere	**paperini** [paperini]
Fahrkarte	**lippuni** [lippuni]

Geld	**rahani** [raɦani]
Tasche	**käsilaukkuni** [kæsilaukkuni]
Kamera	**kamerani** [kamerani]
Laptop	**kannettava tietokone** [kannettaua tietokone]
Tabletcomputer	**tablettini** [tablettini]
Handy	**kännykkäni** [kænnykkæni]

Hilfe!	**Auta minua!** [auta minua!]
Was ist passiert?	**Mitä on tapahtunut?** [mitæ on tapahtunut?]

Feuer	**tulipalo** [tulipɑlo]
Schießerei	**ampuminen** [ɑmpuminen]
Mord	**murha** [murhɑ]
Explosion	**räjähdys** [ræjæhdys]
Schlägerei	**tappelu** [tɑppelu]

Rufen Sie die Polizei!	**Soita poliisille!** [sojtɑ poli:sille!]
Beeilen Sie sich!	**Pidä kiirettä!** [pidæ ki:rettæ!]
Ich suche nach einer Polizeistation.	**Etsin poliisiasemaa.** [etsin poli:si·ɑsemɑ:]
Ich muss einen Anruf tätigen.	**Minun täytyy soittaa.** [minun tæyty: sojttɑ:]
Kann ich Ihr Telefon benutzen?	**Saanko käyttää puhelintasi?** [sɑ:ŋko kæyttæ: puhelintɑsi?]

Ich wurde ...	**Minut on ...** [minut on ...]
ausgeraubt	**ryöstetty** [ryøstetty]
überfallen	**ryöstetty** [ryøstetty]
vergewaltigt	**raiskattu** [rɑjskɑttu]
angegriffen	**pahoinpidelty** [pɑhojnpidelty]

Ist bei Ihnen alles in Ordnung?	**Oletko kunnossa?** [oletko kunnossɑ?]
Haben Sie gesehen wer es war?	**Näitkö, kuka se oli?** [næjtkø, kukɑ se oli?]
Sind Sie in der Lage die Person wiederzuerkennen?	**Pystyisitkö tunnistamaan henkilön?** [pystyisitkø tunnistɑmɑ:n heŋkiløn?]
Sind sie sicher?	**Oletko varma?** [oletko vɑrmɑ?]

Beruhigen Sie sich bitte!	**Rauhoitu.** [rɑuhojtu]
Ruhig!	**Rentoudu!** [rentoudu!]
Machen Sie sich keine Sorgen	**Älä huolehdi!** [ælæ huolehdi!]
Alles wird gut.	**Kaikki järjestyy.** [kɑjkki jærjesty:]
Alles ist in Ordnung.	**Kaikki on kunnossa.** [kɑjkki on kunnossɑ]

Kommen Sie bitte her.

Ich habe einige Fragen für Sie.

Warten Sie einen Moment bitte.

Haben Sie einen
Identifikationsnachweis?

Danke. Sie können nun gehen.

Hände hinter dem Kopf!

Sie sind verhaftet!

Tule tänne.
[tule tænne]

Minulla on joitakin kysymyksiä sinulle.
[minulla on joitakin kysymyksiæ sinulle]

Odota hetki.
[odota hetki]

Onko sinulla henkilötodistus?
[oŋko sinulla heŋkilø·todistus?]

Kiitos. Voit nyt lähteä.
[ki:tos. ʋojt nyt læhteæ]

Kädet pään taakse!
[kædet pæ:n ta:kse!]

Sinut on pidätetty!
[sinut on pidætetty!]

Gesundheitsprobleme

Helfen Sie mir bitte.	**Voisitko auttaa minua.** [ʋojsitko auttɑ: minuɑ]
Mir ist schlecht.	**En voi hyvin.** [en ʋoj hyʋin]
Meinem Ehemann ist schlecht.	**Mieheni ei voi hyvin.** [mieheni ej ʋoj hyʋin]
Mein Sohn …	**Poikani …** [pojkɑni …]
Mein Vater …	**Isäni …** [isæni …]

Meine Frau fühlt sich nicht gut.	**Vaimoni ei voi hyvin.** [ʋɑjmoni ej ʋoj hyʋin]
Meine Tochter …	**Tyttäreni …** [tyttæreni …]
Meine Mutter …	**Äitini …** [æjtini …]

Ich habe … schmerzen.	**Minulla on …** [minullɑ on …]
Kopf-	**päänsärky** [pæ:nsærky]
Hals-	**kipeä kurkku** [kipeæ kurkku]
Bauch-	**vatsakipu** [ʋɑtsɑkipu]
Zahn-	**hammassärky** [hɑmmɑs·særky]

Mir ist schwindelig.	**Minua huimaa.** [minuɑ hujmɑ:]
Er hat Fieber.	**Hänellä on kuumetta.** [hænellæ on ku:mettɑ]
Sie hat Fieber.	**Hänellä on kuumetta.** [hænellæ on ku:mettɑ]
Ich kann nicht atmen.	**En voi hengittää.** [en ʋoj heŋittæ:]

Ich kriege keine Luft.	**Olen hengästynyt.** [olen heŋæstynyt]
Ich bin Asthmatiker.	**Minulla on astma.** [minullɑ on ɑstmɑ]
Ich bin Diabetiker /Diabetikerin/	**Minulla on diabetes.** [minullɑ on diɑbetes]

Ich habe Schlaflosigkeit.	En voi nukkua.
	[en voj nukkua]
Lebensmittelvergiftung	ruokamyrkytys
	[ruoka·myrkytys]

Es tut hier weh.	Minua sattuu tästä.
	[minua sattu: tæstæ]
Hilfe!	Auta minua!
	[auta minua!]
Ich bin hier!	Olen täällä!
	[olen tæ:llæ!]
Wir sind hier!	Olemme täällä!
	[olemme tæ:llæ!]
Bringen Sie mich hier raus!	Päästä minut pois täältä!
	[pæ:stæ minut pojs tæ:ltæ!]
Ich brauche einen Arzt.	Tarvitsen lääkärin.
	[tarvitsen læ:kærin]
Ich kann mich nicht bewegen.	En voi liikkua.
	[en voj li:kkua]
Ich kann meine Beine nicht bewegen.	En voi liikuttaa jalkojani.
	[en voj li:kutta: jalkojani]

Ich habe eine Wunde.	Minulla on haava.
	[minulla on ha:va]
Ist es ernst?	Onko se vakavaa?
	[oŋko se vakava:?]
Meine Dokumente sind in meiner Hosentasche.	Asiakirjani ovat taskussani.
	[asiakirjani ovat taskussani]
Beruhigen Sie sich!	Rauhoitu!
	[rauhojtu!]
Kann ich Ihr Telefon benutzen?	Saanko käyttää puhelintasi?
	[sa:ŋko kæyttæ: puhelintasi?]

Rufen Sie einen Krankenwagen!	Soita ambulanssi!
	[sojta ambulanssi!]
Es ist dringend!	Tämä on kiireellistä!
	[tæmæ on ki:re:llistæ!]
Es ist ein Notfall!	Tämä on hätätilanne!
	[tæmæ on hætætilanne!]
Schneller bitte!	Pidä kiirettä!
	[pidæ ki:rettæ!]
Können Sie bitte einen Arzt rufen?	Soittaisitko lääkärin?
	[sojttajsitko læ:kærin?]
Wo ist das Krankenhaus?	Missä sairaala on?
	[missæ sajra:la on?]

Wie fühlen Sie sich?	Kuinka voit?
	[kujŋka vojt?]
Ist bei Ihnen alles in Ordnung?	Oletko kunnossa?
	[oletko kunnossa?]
Was ist passiert?	Mitä on tapahtunut?
	[mitæ on tapahtunut?]

65

Mir geht es schon besser.

Voin nyt paremmin.
[ʋojn nyt paremmin]

Es ist in Ordnung.

Se on okei.
[se on okej]

Alles ist in Ordnung.

Se on hyvä.
[se on hyʋæ]

In der Apotheke

Apotheke	**apteekki** [apte:kki]
24 Stunden Apotheke	**päivystävä apteekki** [pæjʊystæʋææ apte:kki]
Wo ist die nächste Apotheke?	**Missä on lähin apteekki?** [missæ on læhin apte:kki?]

Ist sie jetzt offen?	**Onko se nyt auki?** [oŋko se nyt auki?]
Um wie viel Uhr öffnet sie?	**Milloin se aukeaa?** [millojn se aukea:?]
Um wie viel Uhr schließt sie?	**Milloin se menee kiinni?** [millojn se mene: ki:nni?]

Ist es weit?	**Onko se kaukana?** [oŋko se kaukana?]
Kann ich dort zu Fuß hingehen?	**Voiko sinne kävellä?** [ʊojko sinne kæʋellæ?]
Können Sie es mir auf der Karte zeigen?	**Voitko näyttää minulle kartalta?** [ʊojtko næyttæ: minulle kartalta?]

Bitte geben sie mir etwas gegen …	**Voisitko antaa minulle jotakin …** [ʊojsitko anta: minulle jotakin …]
Kopfschmerzen	**päänsärkyyn** [pæ:nsærky:n]
Husten	**yskään** [yskæ:n]
eine Erkältung	**vilustumiseen** [ʋilustumise:n]
die Grippe	**flunssaan** [flunssa:n]

Fieber	**kuumeeseen** [ku:me:se:n]
Magenschmerzen	**vatsakipuun** [ʋatsakipu:n]
Übelkeit	**pahoinvointiin** [pahojnʋojnti:n]
Durchfall	**ripuliin** [ripuli:n]
Verstopfung	**ummetukseen** [ummetukse:n]
Rückenschmerzen	**selkäkipuun** [selkæ·kipu:n]

Brustschmerzen	**rintakipuun** [rinta·kipu:n]
Seitenstechen	**pistävään kipuun kyljessä** [pistæυæ:n kipu:n kyljessæ]
Bauchschmerzen	**vatsakipuun** [υatsakipu:n]
Pille	**pilleri** [pilleri]
Salbe, Creme	**voide** [υojde]
Sirup	**nestemäinen lääke** [nestemæjnen læ:ke]
Spray	**suihke** [sujhke]
Tropfen	**tipat** [tipat]
Sie müssen ins Krankenhaus gehen.	**Sinun täytyy mennä sairaalaan.** [sinun tæyty: mennæ sajra:la:n]
Krankenversicherung	**vakuutus** [υaku:tus]
Rezept	**resepti** [resepti]
Insektenschutzmittel	**hyönteiskarkote** [hyøntejs·karkote]
Pflaster	**laastari** [la:stari]

Das absolute Minimum

Entschuldigen Sie bitte, ...	**Anteeksi, ...** [ɑnte:ksi, ...]
Hallo.	**Hei.** [hej]
Danke.	**Kiitos.** [ki:tos]
Auf Wiedersehen.	**Näkemiin.** [næ:kemi:n]
Ja.	**Kyllä.** [kyllæ]
Nein.	**Ei.** [ej]
Ich weiß nicht.	**En tiedä.** [en tiedæ]
Wo? | Wohin? | Wann?	**Missä? | Minne? | Milloin?** [missæ? | minne? | millojn?]

Ich brauche ...	**Tarvitsen ...** [tɑrʋitsen ...]
Ich möchte ...	**Haluan ...** [hɑluɑn ...]
Haben Sie ...?	**Onko sinulla ...?** [oŋko sinullɑ ...?]
Gibt es hier ...?	**Onko täällä ...?** [oŋko tæ:llæ ...?]
Kann ich ...?	**Voinko ...?** [ʋojŋko ...?]
Bitte (anfragen)	**..., kiitos** [..., ki:tos]

Ich suche ...	**Etsin ...** [etsin ...]
die Toilette	**WC** [ʋese]
den Geldautomat	**pankkiautomaatti** [pɑŋkki·autoɑ:tti]
die Apotheke	**apteekki** [ɑpte:kki]
das Krankenhaus	**sairaala** [sɑjrɑ:lɑ]
die Polizeistation	**poliisiasema** [poli:si·ɑsemɑ]
die U-Bahn	**metro** [metro]

das Taxi	**taksi** [taksi]
den Bahnhof	**rautatieasema** [rautatie·asema]

Ich heiße …	**Nimeni on …** [nimeni on …]
Wie heißen Sie?	**Mikä sinun nimesi on?** [mikæ sinun nimesi on?]
Helfen Sie mir bitte.	**Voisitko auttaa minua?** [ʋojsitko autta: minua?]
Ich habe ein Problem.	**Minulla on ongelma.** [minulla on oŋelma]
Mir ist schlecht.	**En voi hyvin.** [en ʋoj hyʋin]
Rufen Sie einen Krankenwagen!	**Soita ambulanssi!** [sojta ambulanssi!]
Darf ich telefonieren?	**Voisinko soittaa?** [ʋojsiŋko sojtta:?]

Entschuldigung.	**Olen pahoillani.** [olen paɦojllani]
Keine Ursache.	**Ole hyvä.** [ole hyʋæ]

ich	**minä	mä** [minæ	mæ]
du	**sinä	sä** [sinæ	sæ]
er	**hän	se** [hæn	se]
sie	**hän	se** [hæn	se]
sie (Pl, Mask.)	**he	ne** [he	ne]
sie (Pl, Fem.)	**he	ne** [he	ne]
wir	**me** [me]
ihr	**te** [te]
Sie	**sinä** [sinæ]

EINGANG	**SISÄÄN** [sisæ:n]
AUSGANG	**ULOS** [ulos]
AUßER BETRIEB	**EPÄKUNNOSSA** [epækunnossa]
GESCHLOSSEN	**SULJETTU** [suljettu]

OFFEN	**AVOIN** [ɑuojn]
FÜR DAMEN	**NAISILLE** [nɑjsille]
FÜR HERREN	**MIEHILLE** [mieɦille]

T&P BOOKS

MINI-WÖRTERBUCH

Dieser Teil beinhaltet
250 nützliche Wörter, die für
die tägliche Kommunikation
benötigt werden. Sie werden
hier die Namen der Monate
und Wochentage finden.
Das Wörterbuch beinhaltet
auch Themen wie Farben,
Maße, Familie und mehr

T&P Books Publishing

INHALT WÖRTERBUCH

T&P Books Publishing

Zeit (f)	aika	[ɑjkɑ]
Stunde (f)	tunti	[tunti]
eine halbe Stunde	puoli tuntia	[puoli tuntiɑ]
Minute (f)	minuutti	[minu:tti]
Sekunde (f)	sekunti	[sekunti]

heute	tänään	[tænæ:n]
morgen	huomenna	[huomennɑ]
gestern	eilen	[ejlen]

Montag (m)	maanantai	[mɑ:nɑntɑj]
Dienstag (m)	tiistai	[ti:stɑj]
Mittwoch (m)	keskiviikko	[keskiʋi:kko]
Donnerstag (m)	torstai	[torstɑj]
Freitag (m)	perjantai	[perjɑntɑj]
Samstag (m)	lauantai	[lɑuɑntɑj]
Sonntag (m)	sunnuntai	[sunnuntɑj]

Tag (m)	päivä	[pæjʋæ]
Arbeitstag (m)	työpäivä	[tyø·pæjʋæ]
Feiertag (m)	juhlapäivä	[juhlɑ·pæjʋæ]
Wochenende (n)	viikonloppu	[ʋi:kon·loppu]

Woche (f)	viikko	[ʋi:kko]
letzte Woche	viime viikolla	[ʋi:me ʋi:kollɑ]
nächste Woche	ensi viikolla	[ensi ʋi:kollɑ]

| morgens | aamulla | [ɑ:mullɑ] |
| nachmittags | iltapäivällä | [iltɑ·pæjʋællæ] |

| abends | illalla | [illɑllɑ] |
| heute Abend | tänä iltana | [tænæ iltɑnɑ] |

| nachts | yöllä | [yøllæ] |
| Mitternacht (f) | puoliyö | [puoli·yø] |

Januar (m)	tammikuu	[tɑmmiku:]
Februar (m)	helmikuu	[helmiku:]
März (m)	maaliskuu	[mɑ:lisku:]
April (m)	huhtikuu	[huhtiku:]
Mai (m)	toukokuu	[toukoku:]
Juni (m)	kesäkuu	[kesæku:]

| Juli (m) | heinäkuu | [hejnæku:] |
| August (m) | elokuu | [eloku:] |

September (m)	syyskuu	[sy:sku:]
Oktober (m)	lokakuu	[lokaku:]
November (m)	marraskuu	[marrasku:]
Dezember (m)	joulukuu	[jouluku:]

im Frühling	keväällä	[keʋæ:llæ]
im Sommer	kesällä	[kesællæ]
im Herbst	syksyllä	[syksyllæ]
im Winter	talvella	[talʋella]

Monat (m)	kuukausi	[ku:kausi]
Saison (f)	vuodenaika	[ʋuoden·ajka]
Jahr (n)	vuosi	[ʋuosi]

2. Zahlen. Zahlwörter

null	nolla	[nolla]
eins	yksi	[yksi]
zwei	kaksi	[kaksi]
drei	kolme	[kolme]
vier	neljä	[neljæ]

fünf	viisi	[ʋi:si]
sechs	kuusi	[ku:si]
sieben	seitsemän	[sejtsemæn]
acht	kahdeksan	[kahdeksan]
neun	yhdeksän	[yhdeksæn]
zehn	kymmenen	[kymmenen]

elf	yksitoista	[yksi·tojsta]
zwölf	kaksitoista	[kaksi·tojsta]
dreizehn	kolmetoista	[kolme·tojsta]
vierzehn	neljätoista	[neljæ·tojsta]
fünfzehn	viisitoista	[ʋi:si·tojsta]

sechzehn	kuusitoista	[ku:si·tojsta]
siebzehn	seitsemäntoista	[sejtsemæn·tojsta]
achtzehn	kahdeksantoista	[kahdeksan·tojsta]
neunzehn	yhdeksäntoista	[yhdeksæn·tojsta]

zwanzig	kaksikymmentä	[kaksi·kymmentæ]
dreißig	kolmekymmentä	[kolme·kymmentæ]
vierzig	neljäkymmentä	[neljæ·kymmentæ]
fünfzig	viisikymmentä	[ʋi:si·kymmentæ]

sechzig	kuusikymmentä	[ku:si·kymmentæ]
siebzig	seitsemänkymmentä	[sejtsemæn·kymmentæ]
achtzig	kahdeksankymmentä	[kahdeksan·kymmentæ]
neunzig	yhdeksänkymmentä	[yhdeksæn·kymmentæ]
einhundert	sata	[sata]

zweihundert	kaksisataa	[kaksi·sata:]
dreihundert	kolmesataa	[kolme·sata:]
vierhundert	neljäsataa	[neljæ·sata:]
fünfhundert	viisisataa	[ʋi:si·sata:]

sechshundert	kuusisataa	[ku:si·sata:]
siebenhundert	seitsemänsataa	[sejtsemæn·sata:]
achthundert	kahdeksansataa	[kahdeksan·sata:]
neunhundert	yhdeksänsataa	[yhdeksæn·sata:]
eintausend	tuhat	[tuhat]

| zehntausend | kymmenentuhatta | [kymmenen·tuhatta] |
| hunderttausend | satatuhatta | [sata·tuhatta] |

| Million (f) | miljoona | [miljo:na] |
| Milliarde (f) | miljardi | [miljardi] |

3. Menschen. Familie

Mann (m)	mies	[mies]
Junge (m)	nuorukainen	[nuorukajnen]
Frau (f)	nainen	[najnen]
Mädchen (n)	neiti	[nejti]
Greis (m)	vanhus	[ʋanhus]
alte Frau (f)	eukko	[eukko]

Mutter (f)	äiti	[æjti]
Vater (m)	isä	[isæ]
Sohn (m)	poika	[pojka]
Tochter (f)	tytär	[tytær]
Bruder (m)	veli	[ʋeli]
Schwester (f)	sisar	[sisar]

Eltern (pl)	vanhemmat	[ʋanhemmat]
Kind (n)	lapsi	[lapsi]
Kinder (pl)	lapset	[lapset]
Stiefmutter (f)	äitipuoli	[æjti·puoli]
Stiefvater (m)	isäpuoli	[isæ·puoli]

Großmutter (f)	isoäiti	[iso·æjti]
Großvater (m)	isoisä	[iso·isæ]
Enkel (m)	lapsenlapsi	[lapsen·lapsi]
Enkelin (f)	lapsenlapsi	[lapsen·lapsi]
Enkelkinder (pl)	lastenlapset	[lasten·lapset]

Onkel (m)	setä	[setæ]
Tante (f)	täti	[tæti]
Neffe (m)	veljenpoika	[ʋeljen·pojka]
Nichte (f)	sisarenpoika	[sisaren·pojka]
Frau (f)	vaimo	[ʋajmo]

Mann (m)	mies	[mies]
verheiratet (Ehemann)	naimisissa	[nɑjmisissɑ]
verheiratet (Ehefrau)	naimisissa	[nɑjmisissɑ]
Witwe (f)	leski	[leski]
Witwer (m)	leski	[leski]

| Vorname (m) | nimi | [nimi] |
| Name (m) | sukunimi | [suku·nimi] |

Verwandte (m)	sukulainen	[sukulɑjnen]
Freund (m)	ystävä	[ystæʋæ]
Freundschaft (f)	ystävyys	[ystæʋy:s]

Partner (m)	partneri	[pɑrtneri]
Vorgesetzte (m)	päällikkö	[pæ:llikkø]
Kollege (m), Kollegin (f)	virkatoveri	[ʋirkɑ·toʋeri]
Nachbarn (pl)	naapurit	[nɑ:purit]

4. Menschlicher Körper. Anatomie

Körper (m)	vartalo	[ʋɑrtɑlo]
Herz (n)	sydän	[sydæn]
Blut (n)	veri	[ʋeri]
Gehirn (n)	aivot	[ɑjʋot]

Knochen (m)	luu	[lu:]
Wirbelsäule (f)	selkäranka	[selkæ·rɑŋkɑ]
Rippe (f)	kylkiluu	[kylki·lu:]
Lungen (pl)	keuhkot	[keuhkot]
Haut (f)	iho	[iho]

Kopf (m)	pää	[pæ:]
Gesicht (n)	kasvot	[kɑsʋot]
Nase (f)	nenä	[nenæ]
Stirn (f)	otsa	[otsɑ]
Wange (f)	poski	[poski]

Mund (m)	suu	[su:]
Zunge (f)	kieli	[kieli]
Zahn (m)	hammas	[hɑmmɑs]
Lippen (pl)	huulet	[hu:let]
Kinn (n)	leuka	[leukɑ]

Ohr (n)	korva	[korʋɑ]
Hals (m)	kaula	[kɑulɑ]
Auge (n)	silmä	[silmæ]
Pupille (f)	silmäterä	[silmæ·teræ]
Augenbraue (f)	kulmakarva	[kulmɑ·kɑrʋɑ]
Wimper (f)	ripsi	[ripsi]
Haare (pl)	hiukset	[hiukset]

Frisur (f)	kampaus	[kampaus]
Schnurrbart (m)	viikset	[ʋiːkset]
Bart (m)	parta	[parta]
haben (einen Bart ~)	pitää	[pitæː]
kahl	kalju	[kalju]

Hand (f)	käsi	[kæsi]
Arm (m)	käsivarsi	[kæsi·ʋarssi]
Finger (m)	sormi	[sormi]
Nagel (m)	kynsi	[kynsi]
Handfläche (f)	kämmen	[kæmmen]

Schulter (f)	hartia	[hartia]
Bein (n)	jalka	[jalka]
Knie (n)	polvi	[polʋi]
Ferse (f)	kantapää	[kantapæː]
Rücken (m)	selkä	[selkæ]

5. Kleidung. Persönliche Accessoires

Kleidung (f)	vaatteet	[ʋaːtteːt]
Mantel (m)	takki	[takki]
Pelzmantel (m)	turkki	[turkki]
Jacke (z.B. Lederjacke)	takki	[takki]
Regenmantel (m)	sadetakki	[sade·takki]

Hemd (n)	paita	[pajta]
Hose (f)	housut	[housut]
Jackett (n)	pikkutakki	[pikku·takki]
Anzug (m)	puku	[puku]

Damenkleid (n)	leninki	[leniŋki]
Rock (m)	hame	[hame]
T-Shirt (n)	T-paita	[te·pajta]
Bademantel (m)	kylpytakki	[kylpy·takki]
Schlafanzug (m)	pyjama	[pyjama]
Arbeitskleidung (f)	työvaatteet	[tyø·ʋaːtteːt]

Unterwäsche (f)	alusvaatteet	[alus·ʋaːtteːt]
Socken (pl)	sukat	[sukat]
Büstenhalter (m)	rintaliivit	[rinta·liːʋit]
Strumpfhose (f)	sukkahousut	[sukka·housut]
Strümpfe (pl)	sukat	[sukat]
Badeanzug (m)	uimapuku	[ujma·puku]

Mütze (f)	hattu	[hattu]
Schuhe (pl)	jalkineet	[jalkine:t]
Stiefel (pl)	saappaat	[saːppaːt]
Absatz (m)	korko	[korko]
Schnürsenkel (m)	nauha	[nauɦa]

Schuhcreme (f)	kenkävoide	[keŋkæ·uojde]
Handschuhe (pl)	käsineet	[kæsine:t]
Fausthandschuhe (pl)	lapaset	[lapaset]
Schal (Kaschmir-)	kaulaliina	[kaula·li:na]
Brille (f)	silmälasit	[silmæ·lasit]
Regenschirm (m)	sateenvarjo	[sate:n·uarjo]

Krawatte (f)	solmio	[solmio]
Taschentuch (n)	nenäliina	[nenæ·li:na]
Kamm (m)	kampa	[kampa]
Haarbürste (f)	hiusharja	[hius·harja]

Schnalle (f)	solki	[solki]
Gürtel (m)	vyö	[uyø]
Handtasche (f)	käsilaukku	[kæsi·laukku]

6. Haus. Wohnung

Wohnung (f)	asunto	[asunto]
Zimmer (n)	huone	[huone]
Schlafzimmer (n)	makuuhuone	[maku:huone]
Esszimmer (n)	ruokailuhuone	[ruokajlu·huone]

Wohnzimmer (n)	vierashuone	[uieras·huone]
Arbeitszimmer (n)	työhuone	[tyø·huone]
Vorzimmer (n)	eteinen	[etejnen]
Badezimmer (n)	kylpyhuone	[kylpy·huone]
Toilette (f)	vessa	[uessa]

Staubsauger (m)	pölynimuri	[pølyn·imuri]
Schrubber (m)	lattiaharja	[lattia·harja]
Lappen (m)	rätti	[rætti]
Besen (m)	luuta	[lu:ta]
Kehrichtschaufel (f)	rikkalapio	[rikka·lapio]

Möbel (n)	huonekalut	[huone·kalut]
Tisch (m)	pöytä	[pøytæ]
Stuhl (m)	tuoli	[tuoli]
Sessel (m)	nojatuoli	[noja·tuoli]

Spiegel (m)	peili	[pejli]
Teppich (m)	matto	[matto]
Kamin (m)	takka	[takka]
Vorhänge (pl)	kaihtimet	[kajhtimet]
Tischlampe (f)	pöytälamppu	[pøytæ·lamppu]
Kronleuchter (m)	kattokruunu	[katto·kru:nu]

Küche (f)	keittiö	[kejttiø]
Gasherd (m)	kaasuliesi	[ka:su·liesi]
Elektroherd (m)	sähköhella	[sæhkø·hella]

Mikrowellenherd (m)	mikroaaltouuni	[mikro·aːltou·uːni]
Kühlschrank (m)	jääkaappi	[jæːkaːppi]
Tiefkühltruhe (f)	pakastin	[pakastin]
Geschirrspülmaschine (f)	astianpesukone	[astian·pesu·kone]
Wasserhahn (m)	hana	[hana]

Fleischwolf (m)	lihamylly	[liha·mylly]
Saftpresse (f)	mehunpuristin	[mehun·puristin]
Toaster (m)	leivänpaahdin	[lejuæn·paːhdin]
Mixer (m)	sekoitin	[sekojtin]

Kaffeemaschine (f)	kahvinkeitin	[kahuiŋ·kejtin]
Wasserkessel (m)	teepannu	[teːpannu]
Teekanne (f)	teekannu	[teːkannu]

Fernseher (m)	televisio	[teleuisio]
Videorekorder (m)	videonauhuri	[uideo·nauhuri]
Bügeleisen (n)	silitysrauta	[silitys·rauta]
Telefon (n)	puhelin	[puhelin]

www.ingramcontent.com/pod-product-compliance
Lightning Source LLC
Chambersburg PA
CBHW070841050426
42452CB00011B/2375